RECADOS DA VIDA

Editora Appris Ltda.
1.ª Edição - Copyright© 2020 dos autores
Direitos de Edição Reservados à Editora Appris Ltda.

Nenhuma parte desta obra poderá ser utilizada indevidamente, sem estar de acordo com a Lei nº 9.610/98. Se incorreções forem encontradas, serão de exclusiva responsabilidade de seus organizadores. Foi realizado o Depósito Legal na Fundação Biblioteca Nacional, de acordo com as Leis nºs 10.994, de 14/12/2004, e 12.192, de 14/01/2010.

Catalogação na Fonte
Elaborado por: Josefina A. S. Guedes
Bibliotecária CRB 9/870

K768r 2020	Kocis, Wilson Recados da vida / Wilson Kocis. - 1. ed. – Curitiba: Appris, 2020. 165 p. ; 23 cm (Artêra) Inclui bibliografias ISBN 978-85-473-4368-2 1. Poesia brasileira. I. Título. II. Série. CDD – 869.1

![Appris editora]

Editora e Livraria Appris Ltda.
Av. Manoel Ribas, 2265 – Mercês
Curitiba/PR – CEP: 80810-002
Tel. (41) 3156 - 4731
www.editoraappris.com.br

Printed in Brazil
Impresso no Brasil

Wilson Kocis

RECADOS DA VIDA

FICHA TÉCNICA

EDITORIAL	Augusto V. de A. Coelho
	Marli Caetano
	Sara C. de Andrade Coelho
COMITÊ EDITORIAL	Andréa Barbosa Gouveia (UFPR)
	Jacques de Lima Ferreira (UP)
	Marilda Aparecida Behrens (PUCPR)
	Ana El Achkar (UNIVERSO/RJ)
	Conrado Moreira Mendes (PUC-MG)
	Eliete Correia dos Santos (UEPB)
	Fabiano Santos (UERJ/IESP)
	Francinete Fernandes de Sousa (UEPB)
	Francisco Carlos Duarte (PUCPR)
	Francisco de Assis (Fiam-Faam, SP, Brasil)
	Juliana Reichert Assunção Tonelli (UEL)
	Maria Aparecida Barbosa (USP)
	Maria Helena Zamora (PUC-Rio)
	Maria Margarida de Andrade (Umack)
	Roque Ismael da Costa Güllich (UFFS)
	Toni Reis (UFPR)
	Valdomiro de Oliveira (UFPR)
	Valério Brusamolin (IFPR)
ASSESSORIA EDITORIAL	Renata Cristina Lopes Miccelli
REVISÃO	Cindy G. S. Luiz
PRODUÇÃO EDITORIAL	Lucas Andrade
DIAGRAMAÇÃO	Daniela Baumguertner
CAPA	Anderson Kocis
COMUNICAÇÃO	Carlos Eduardo Pereira
	Débora Nazário
	Karla Pipolo Olegário
LIVRARIAS E EVENTOS	Estevão Misael
GERÊNCIA DE FINANÇAS	Selma Maria Fernandes do Valle

Dedico este livro, com elevado sentimento de eterna gratidão, ao meu grande amigo de todas as horas, o ilustre Prof. José Roberto Baptistella, e à sua esposa, Maria das Dores dos Santos Baptistella.

Eu os tenho em alta estima hoje e sempre.

AGRADECIMENTOS

Externo os meus mais elevados agradecimentos à minha esposa, Amisabel, aos meus filhos, Emerson, Anderson, Paul, aos meus netos, Fernanda, Igor, Arthur, à minhas noras, Telma e Juliana, por compartilharem comigo a estrada que me possibilitou a realização de mais um sonho.

Eternamente lhes serei grato.

Recados da Vida são poesias, frases e pensamentos baseados em momentos de alegrias, tristezas, felicidades e frustrações.

Gestos que transformam

Não é nada fácil e nem rápido... Mas vale a pena tentar.

(Wilson Kocis)

PREFÁCIO

Quando eu imaginei ter lido os melhores poemas, pensamentos e frases de autores mundialmente famosos no Brasil e no mundo, eis que chega às minhas mãos o livro *Recados da vida*, do meu amigo Wilson Kocis e, ainda, com a incumbência de escrever o prefácio.

É um livro interessante, profundo e escrito com uma simplicidade de quem não quer externar os seus sentimentos carregados de emoção.

As poesias retratam o cotidiano de um homem apaixonado pelas mulheres, pela vida, pelos aspectos sociais com extrema sutileza, pela política com pitadas de humor, pelas suas crenças, e uma exaltação à natureza com uma necessidade que temos de preservá-la por uma questão de sobrevivência.

Em "Gestos que transformam", há uma filosofia de vida em cada afirmativa que nos eleva ao pódio da sabedoria, fazendo-nos pensar e refletir sobre situações tão simples do nosso cotidiano que, muitas vezes, não damos a devida atenção. E, ainda, faz uma afirmativa que nos deixa com vontade de ler e reler essa página: "Não é nada fácil e nem rápido, mas vale a pena tentar"! Perfeito, meu caro amigo.

Os grandes e notáveis pensadores de toda a história da humanidade nunca poderiam imaginar que, neste livro, *Recados da Vida,* pudessem encontrar frases e pensamentos tão simples, tão cheios de verdades, que fazem parte integrante do nosso viver.

Recados da Vida é um livro que deve ser lido, sorvido, assimilado em nosso viver diário pelas grandes lições de vida e fantásticas emoções que vão encher a nossa alma, diariamente, de um acalanto que nos dará forças e coragem na luta pela vida.

Recados da Vida nos ajudará a redescobrir a nossa sensibilidade, que as lutas diárias de sobrevivência nos fazem esquecer.

Recados da Vida nos fará pensar que o amor existe e que ele está ao nosso alcance.

Recados da Vida encherá a nossa alma de felicidade, porque vamos participar de momentos transcendentais do autor e descobrir que também podemos viver esses momentos.

Recados da Vida elevará o nosso pensar ao infinito e nos mostrar que este mundo é grande e que todos têm a oportunidade de viver em outros termos.

Recados da Vida nos dará entusiasmo e coragem para novos desafios.

Recados da Vida valoriza os seres humanos, tornando-os grandiosos e sábios.

Recados da Vida, finalmente, nos faz enxergar que as coisas simples da vida nos motivam para afirmar que vale a pena viver!

Recados da Vida ficará em nossa alma para sempre, e você, meu nobre escritor, adentra na galeria dos grandes poetas do mundo.

Elilde Browning

Professora, escritora e colunista do jornal Maranduba News, de Ubatuba-SP. Autora dos livros: E assim foi a vida, Crônicas de um tempo infinito e Paths of life versão em inglês.

SUMÁRIO

POESIAS

SENTIMENTO 23

A NATUREZA CHORA 23

EU QUERIA SER 24

SINTO POR VOCÊ 26

INGRATIDÃO 27

QUASE IMPOSSÍVEL 28

AMOR ETERNO 29

DESPEDIDA 30

NADA RESTOU 31

LAMENTO SERTANEJO 32

POR ONDE PASSAR 33

O GOVERNO E O POVO 34

APAIXONADO 36

VOLTE LOGO 37

VOCÊ E O VENTO 38

O SUJO 39

DESCONSTRUINDO UMA NAÇÃO 41

TEUS BEIJOS 44

RABO DO ZÓIO 44

CHORO COMO CRIANÇA 45

ORAÇÃO DO CONFUSO 46

TOCANDO A BOIADA 47

MORENA DENGOSA 48

LUA DENGOSA 49

PRETEXTO 50

SONHO 51

DIA DE TERROR 52

ADÃO E EVA 53

QUANDO FALTA O AMOR 54

JOÃO E MARIA 56

MEU PORTO 58

MINHA CIDADE É ASSIM... 59

REFLEXÃO..61

MEU SEGREDO 62

QUADRINHAS INFANTO/ADULTAS 63

EU GOSTARIA QUE VOCÊ PUDESSE 65

MÚSICA E POESIA 66

QUERIA SER 67

TRANSFORMAÇÃO 68

VOCÊ, MINHA VIDA 69

POLUIÇÃO SOCIAL 70

ERREI DEMAIS 72

VONTADE DE CHORAR 73

SEM ESPERAR..74

PASÁRGADA 74

LÁGRIMAS 75

ESCOLHA DO CORAÇÃO 76

INVERDADES 77

PLENA CERTEZA 78

ALTOS E BAIXOS 79

ESCOLHA ERRADA 80

MELHOR IDADE 80

AOS PRANTOS 82

AMOR SINCERO 82

SUBINDO A MONTANHA 83

MENINA 84

ONDE QUERES PASSAR? 85

MUDANÇA 86

GESTOS QUE TRANSFORMAM 87

COMO EU QUERIA SABER 88

CABOCLA 89

NÃO DESISTO 89

A PRINCESA DOS CABELOS DOURADOS 90

TENHO CERTEZA 91

PARTIDA SILENCIOSA 92

FRUTO DO AMOR 93

A ÁGUIA E O LEOPARDO 94

ASAS PARA VOAR 95

MEDO DE AMAR 96

A NOBREZA ESQUECIDA DOS PÉS 97

SER JOVEM 98
SECRETÁRIA 100
SURDO, CEGO E MUDO 102
A UNIÃO DAS IDADES 103
MUDANÇA RADICAL 104
ENTREGA 105
A VIAGEM 106
TEU OLHAR 108
A VERDADEIRA BELEZA 109
JANELA DO TEMPO 110
MINHA POBRE GENTE 111
A DOR DA SOLIDÃO 112
MARCAS 114

FRASES
AMOR PERFEITO 117
ARGUMENTO 117
ARMA PERIGOSA 117
BARQUINHO DO AMOR 117
BELO E OUSADO 118
BRILHO 118
COISAS BOAS E MÁS 118
COLHA OS FRUTOS 118
CHORA VIOLA 119
DESABAFO 119
DESPREZO 119
ENCONTRO DOS OLHARES 120
ENTREGA 120
ESQUECER 120
FORMOSEIA 120
GENTILEZA E EDUCAÇÃO 121
GRANDES PASSOS 121
HOJE, AMANHÃ, ONTEM! 121
IMPOSSÍVEL 121
JÁ NÃO POSSO FICAR 122
LIBIDO 122
O AMOR É ASSIM... 122
MAIS CHEGADO 122

MELHOR É O AMOR 123

MESMO AUSENTE 123

MUDANÇA 123

O SOL E A LUA 123

OÁSIS 124

PALAVRAS 124

PALAVRA AMIGA 124

PEREGRINANDO 124

PÉTALAS DE ROSAS 125

PRIMEIRA IMPRESSÃO 125

RAIOS DE SOL 125

RESPEITO 125

SEGREDO 126

SEM EIRA E SEM BEIRA 126

SINTOMA 126

SOL E ORVALHO 126

SORRIR FAZ BEM 127

TODA MÃE 127

VERSOS EM POESIA 127

VALIDADE 127

PENSAMENTOS

AMIZADE 131

AMIGO FALSO 131

AMBIÇÃO E ESFORÇO 131

AVENTURA 131

ALMA 132

AJUDA 132

ADMIRADO 132

APRENDA 132

AMOR 133

APRENDIZADO 133

AGRESSÃO 133

AVANTE 133

ACERTO 134

A ARTE DE VIVER 134

BARREIRAS 134

CABEÇA 134

CONSELHO 135

COVARDIA 135

CRIATIVIDADE 135

CONFIANÇA E CONFLITO 135

CRESCIMENTO 136

CONHECIMENTO E IMAGINAÇÃO 136

CADÁVER 136

CALA-TE 136

CRIAR 137

CORAGEM 137

CHEIO 137

CONSTITUIÇÃO 137

COBIÇA 138

CONHECIMENTO 138

DEFESA E VINGANÇA 138

DESESPERADA 138

DOIS GIGANTES 139

DETALHES 139

DIALOGAR 139

DISCÓRDIA 139

DE AMIGO À IRMÃO 140

DEFORMA 140

DECADÊNCIA 140

DIA IDEAL 140

DÊ VALOR 141

DEFINIÇÃO 141

DESATAR 141

DISPOSIÇÃO 141

DESCONTROLE 142

ESPAÇO 142

ENCLAUSURAR 142

ESQUECER E ENTENDER 142

ESPERANÇA 143

EDIFICAÇÃO 143

EXEMPLO 143

ESTRADA ALHEIA 143

ESCREVER E SOCORRER 144

ESCORAS 144

FUTURO 144
FRUTO DA UNIÃO 144
FEITO COM AMOR 144
ENFADONHO 145
FALAR MUITO 145
GRANDE SABEDORIA 145
GRATAS OU ESPANTADAS 145
GESTOS E PALAVRAS 146
GARGALHAR 146
GRANDE VALOR 146
HISTÓRIA 146
INDISPENSÁVEL 147
INSTINTO 147
IDEALIZAR 147
IRRITABILIDADE 147
INJÚRIAS 148
INCOMPETÊNCIA 148
INFERIOR 148
INVESTIR 148
INSISTA 149
INSENSATEZ 149
JULGAMENTO 149
LONGE DO PERIGO 149
LIVRE 150
LIDAR 150
LENTIDÃO 150
LEI DA VIDA 150
MEDO 150
MEDÍOCRE 151
MORADIA 151
MALEDICÊNCIA 151
NAVEGADORES 151
NAUFRÁGIO 152
O LETRADO E O IRRACIONAL 152
OBJETIVO 152
OCUPA-TE 152
PEQUENOS SACRIFÍCIOS 153
PRETENSÃO 153

PISAR NO FREIO 153
PALHAÇO 153
PERSISTÊNCIA 154
PIOR FRIO 154
PALAVRAS 154
PARA RAIOS 154
PREGUIÇOSO 155
PROVEITO 155
PERIGOSO 155
PREOCUPAÇÃO 155
PAZ E AMARGURA 155
QUALIDADE 156
REVELADOR 156
RUMO AO FUTURO 156
RENOVANDO 156
REFLEXÃO 157
RECEITA 157
RESPOSTA 157
REALIZAÇÃO 157
RESISTÊNCIA 158
SERENIDADE 158
SUBIR 158
SUCESSO 158
SEMBLANTE 158
SORRISO DO OLHAR 159
SEGREDO DO SUCESSO 159
SÁBIO 159
SATISFAÇÃO 159
SEGREDOS 159
SENSATEZ 160
SUBPRODUTO 160
SÓ DEUS 160
SERENIDADE 160
SABEDORIA 161
TRANSFORMAÇÃO 161
TERÁS PAZ 161
TAREFA 161
TEMPERO 162

TRISTE E VENCIDO 162
TRILHAR 162
TOLERAR 162
URNA DO CORAÇÃO 163
ÚNICA PALAVRA 163
VERDADEIRA 163
VENDENDO ILUSÃO 163
VERDADEIRA LIBERDADE 164
VIVIFICAR OU MATAR 164
VÁRIAS VEZES 164

POESIAS

SENTIMENTO

A felicidade é o que sinto
Quando penso em você
Ter sua amizade é um grande prazer.

Meu pensamento vai
Ao teu encontro com ternura
E volta com inspiração.

Por seres uma pessoa meiga
O amor floresce em meu coração.

A NATUREZA CHORA

A maldade oriunda do coração do homem
faz com que a natureza chore
as aves deixam de cantar e não voam mais.

Os animais estão desaparecendo
por ganância do ser humano incapaz.

Respiramos esse ar, que é pura poluição
nesta terra que é de todos
e, ao mesmo tempo, de ninguém.

EU QUERIA SER

Eu queria ser...
Porteira sem tranca
Defesa sem retranca
Película sem imagem
Selo sem postagem.

Cavalo sem sela
Passagem sem cancela
Sapato sem salto
Estrada sem asfalto.

Viagem sem rumo
Pedreiro sem plumo
Parto sem parteira
País sem fronteira.

Relógio sem ponteiro
Pássaro sem viveiro
Mundo sem fome
Floresta sem nome.

Emprego sem patrão
Cidade sem ladrão
Água sem fonte
Pico sem monte

Gol sem trave
Vôo sem nave
Amizade sem limite
Espirro sem renite.

Amor sem traição
Chuva sem trovão
Caminho sem atalho
Emprego sem trabalho.

Casa sem portão
Alegria sem razão
Eu queria ser...

Não importa o quê
Desde que seja bom
E encha de felicidade
Todo meu coração.

SINTO POR VOCÊ

Quando meus olhos te viram,
Algo invadiu meu ser,
E, hoje, exala pelos poros
O amor que sinto por você.

INGRATIDÃO

As pessoas nascem, crescem, se conhecem,
Namoram, casam, constituem família,
Depois, nascem os filhos,
Que enchem a casa de alegria.

Com o carinho dos pais,
Os filhos crescem com afeto e dedicação
Recebendo com primazia toda educação.

Mas existe um momento
Em que os filhos se tornam independentes
Ao ponto de quebrar o elo da corrente.

E, quando isso acontece,
É porque já não existe mais
O afeto, o carinho, e o amor pelos pais.

Para os pais que dedicaram
Uma vida inteira de carinho, isso é doído demais,
Mas para o filho ingrato, isso o satisfaz.

Chegam ao ponto de menosprezar seus pais
Colocando-os a beira do caminho,
Como se fossem um estorvo em sua vida, nada mais.

QUASE IMPOSSÍVEL

Nossa amizade é iluminada
Pela beleza da lua,
E o orvalho do luar
Não deixa o amor da nossa amizade secar.

Sua beleza me fascina,
Me inspira e me alucina
Seus olhos são dois faróis
Que iluminam minha vida.

Ficar sem falar com você
É pra mim uma tortura,
Sua voz me acalma
E me deixa uma doçura.

Quando vejo suas fotos
Meu coração se enche de vida,
E, ao mesmo tempo, fica triste
Por estar tão longe da minha amiga.

Abraçar essa mulher menina
É meu sonho quase impossível,
Demonstrar meu carinho
É fazer meu querer visível.

AMOR ETERNO

Por seres tão bela,
Vejo teu corpo como um jardim,
Com canteiros cheios de flores
E bem cuidado por mim.

Cheio de encanto e prazer
Lanço pétalas em seu caminhar,
Que este brilho jamais
Se apague do meu olhar.

Tua pele é macia,
Como as folhas da violeta,
Teus cabelos sedosos
Um presente da natureza.

DESPEDIDA

Os dias que se tornam bravios
É do meu mundo um algoz,
Sensível brinca com a vida
Desatando todos os nós.

Olhando o meu ser
Vejo na vida muitos degraus,
Com a ajuda do meu Deus
Supero todos os dias maus.

Abrandar o meu sufoco
Difícil me parece,
Mas tenho esperança
Naquele que me fortalece.

Ao amor verdadeiro
Quero fazer jus,
Por isso entrego a minha vida
Ao meu Senhor Jesus.

Na vida, muitas coisas
São permitidas,
Deixe-me viver alegre
Até que chegue a despedida.

NADA RESTOU

A tristeza bateu forte em minha porta
Quando você me humilhou
Disse palavras duras, que me machucou.

Meu coração foi se fechando,
E dentro dele a tristeza ficou.
Estou desejoso da morte
Por que da vida nada restou.

LAMENTO SERTANEJO

Eu vim lá do sertão
morar na cidade grande,
arrumei até muié e casei
e, mesmo depois de tanto tempo,
ainda não acostumei.

Quando lembro o meu sertão
meus olhos ficam cheios de lágrima,
vivo nesta cidade grande,
mas minha vida é isolada.

Eu quase não tenho amigo
mas os que tenho é dos bão,
é isso que ameniza um pouco
a saudade que sinto do meu sertão.

Saudade de quando pescava
lá no velho Chico,
peixe não faltava
todo dia era bom.

Pra comer um peixe na cidade grande,
custa um dinheirão,
e eu tinha peixe de graça
lá no meu sertão.

Sonho em voltar pro meu mundo
voltar pro meu sertão,
onde a vida é mais gostosa,
é o melhor lugar deste mundão.

POR ONDE PASSAR

No horizonte da vida,
Há uma linha imaginária,
Por onde devemos passar
Aprender e ensinar.

Aprender com nossos erros e acertos
Seguir adiante, apesar dos defeitos,
Semear sempre a bondade
E colher a felicidade.

Por onde passar
Cultivar a bondade,
E um dia quando partir
Deixar a marca da saudade.

O GOVERNO E O POVO

A maioria do povo é honesta
E trabalha com vontade,
Mas o salário do povão
É pura maldade.

Entra ano e sai ano,
E o aumento no salário pouco acrescenta,
O povo paga muitos impostos
E o valor das contas só aumenta.

O povo só quer o que é de direito,
Mas os governos rasgam a Constituição
E batem forte no peito,
Demonstrando que pelo povo não tem respeito.

Boa parte do povo não tem o que comer.
Apenas discurso bonito não vai resolver,
Honre sua palavra, você que está no poder
E o povo agradecido vai te reeleger.

O povo se orgulha de ser trabalhador,
De ser brasileiro com muito amor,
Apure seus ouvidos governantes
Pois o povo brasileiro jamais foge da luta.

O povo quer direito reconhecido,
Sem precisar apelar para justiça,
O povo quer um governo honesto,
E não um governo fascista.

Para o povo ser feliz,
Digo aquilo que ouço,
Uma mesa farta
E dinheiro no bolso.

APAIXONADO

À noite, observo o seu cansaço,
Para apoiar sua cabeça,
Ofereço meu braço.

Recostada em meu peito,
Acaricio seus cabelos,
Carinho que adoro te dar,
Pois sou apaixonado pelo seu jeito.

E dormindo em meus braços,
Ficarei lhe admirando,
E mesmo adormecida,
Tua face estarei beijando.

Ficarei assim toda madrugada,
Até o sol vir nos chamar,
E vendo que sozinha não lhe deixei
Comovida, me devolverás todos os beijos que lhe dei.

VOLTE LOGO

Saudade quando chega no peito,
Traz a tristeza junto,
E me deixa sem jeito.

Dela ficou apenas a lembrança
Do sorriso maroto,
Que faz de mim um eterno garoto.

O corpo esguio e andar elegante,
Sorriso aberto, alegre semblante,
Faz acelerar este coração pulsante.

Meu coração desacelera
Vai parando devagarinho,
Por saber que jamais terá o seu carinho.

A saudade de quem partiu
E longe de mim está,
Que volte logo para minha saudade matar.

VOCÊ E O VENTO

A maré na praia subia,
Fazendo a areia desaparecer,
Na verdade, iludi-me
Pensando encontrar você.

Ao longe lá distante
A água no rochedo batia,
Formando espumas brancas
E, naquela visão, eu te via.

São brancas sim
E de beleza real,
Bailando em vaga leveza
Mostrando meu amor sem igual.

Um pequeno veleiro
Navegando de mansinho,
Dava adeus ao meu sonho
De lhe entregar todo meu carinho.

O veleiro que avistei ao longe
Agora já se distingue,
Em seu mastro a bandeira branca
A paz e amor exprime.

De mim se aproximou
Um vento prazeroso,
Da corrente reversa
Fazendo afago em meu rosto.

Tinha o silvar mais sublime
Que pensei ser o vento,
Mas era você, meu amor,
Encostada em meu peito.

O SUJO

O mandar não encerra a palavra dita
E escrita com razão,
Coronelismo é censura da arte,
Que amordaça a liberdade de expressão.

O sujo falando do sujo
Que quer se sujar,
O sujo quer o poder
A fim de se lambuzar.

O sujo renega o sujo
Querendo entrar em ação,
Mas se esconde sob o tapete
Da política que rouba a nação.

O mandar é senhor da influência,
Mostrando, assim, a cara da indecência,
Que transita livre sem barreira
No sentido da mesma confluência.

O sujo trafegando o sujo
Quer dirigir para reprimir,
É o sujo amando o sujo
Quer se sujar? Deixa estar!

O mandar é donzela cobiçada
Tem nobreza também no sobrenome,
Sangue azul e a bela mais amada
A rainha por muitos cortejada.

O poder cria fato que assola
Gente farta na esquina da esmola,
A violência anda de cara feia
Com a faca ou revolver tira a vida alheia

O mandar deixa gente sem miolo
Faz tramoia e enrola quem é tolo,
Alimenta o clã com farto bolo
Depois, descobre que sua vida é um rolo.

Quem trabalha paga imposto
Da sua alimentação,
Enquanto o sujo se regala
Gastando o dinheiro da nação.

DESCONSTRUINDO UMA NAÇÃO

Há uma geração em formação,
Onde não se encontra traços de experiência,
Discernimento e maturidade
E exigir dessas cabeças ocas é até maldade.

De significados e a indiferença aos mesmos
Uma das razões é a sua quebra,
Hoje se fazem associações rasas
E dizem que tudo é brega.

O natal foi resumido ao velhinho,
Trazendo um monte de presentes
Dificultando a verdadeira mensagem
De salvação para todas as gentes.

De tempos em tempos,
A sociedade faz concessões na sua humildade,
Defendida por muita gente
Assim caminha a humanidade.

Essas concessões são feitas
Cada vez mais rápidas,
De tudo se discute a relatividade
Família, casamento, até na disciplina deram xeque-mate.

Um dos problemas da vida moderna
É que volta e meia,
Alguém reclama por falta de atenção
Seja o cônjuge, os filhos ou o patrão.

A questão é que não há tempo
Para tudo o que temos para fazer,
Há até quem arruma tempo
E ganha dinheiro ensinando como fazer.

Somos controlados pelo tempo
Seja do calendário ou o relógio de pulso,
E afim de não perdermos tempo
Fazemos coisas no impulso.

O tempo passa muito rápido,
E não nos chama atenção,
Os que param para olhar o passado,
No futuro, darão com a cara no chão.

E nessa construção de sociedade desconstruindo,
Observo novas e prematuras realidades,
Centenas de gestações na adolescência,
E os avós irão criar os netos com amor e paciência.

Para ter um caminhar saudável,
Nossa sociedade precisa parar,
Parar para pensar, refletir, pesquisar
E reaprender com a sabedoria de nossos pais.

RECADOS DA VIDA

A sociedade precisa fazer algo fora de moda
Rever seus valores,
Buscar o que realmente é necessário.
Devemos dar mais vida aos nossos amores.

Nossa passagem por aqui será importante,
Não pelo velhinho ou pelo coelho,
Mas quando entendermos
O sacrifício do cordeiro.

Se dê a oportunidade de uma reflexão
Essa oportunidade não se compra com dinheiro,
Não vem com presentes ou melada de chocolate
Mas com o sangue do cordeiro.

Hoje em dia, é difícil considerar significados,
Mas pense: Um coelho e ovos de chocolate,
Tem algum significado para mim?
Já o cordeiro e o sangue sim!

Afinal, o que eu quero para minha vida?

TEUS BEIJOS

Tenho inveja do sol,
Quando ele te bronzeia.
Invejo também a lua,
Quando teu caminho clareia.

Tenho ciúmes do calor do sol,
Pois é ele que te faz morena.
O luar é provocativo,
Mostra teu corpo de sereia.

Espero o sol ir embora,
Qual a noite faz com o dia.
E abraçados a noite inteira,
Teus beijos me sacía

RABO DO ZÓIO

Bati na porta da esperança,
Ela nem sequer ligô,
Fiquei tão triste e magoado
Nem com o rabo do zóio me olhô.

CHORO COMO CRIANÇA

A saudade é uma coisa
Que invade o nosso ser
Sem permissão
E faz morada eterna no coração.

Caem as lágrimas da emoção
Quando lembro saudoso
Das pessoas queridas
Que junto de nós já não estão.

Estejam onde estiverem,
Não importa a distância
Quando lembro de meus pais
Choro como criança.

Como fazem falta os meus velhos.
Guardo na mente boas lembranças
E no coração a esperança
De um dia os rever.

ORAÇÃO DO CONFUSO

Santa desesperança que me atormenta,
Fazendo com que eu deixe de olhar
Com alegria para o meu país.

Santa indecisão que me segue,
Na estrada sinuosa e recortada
Pela indefinição da chegada.

Santa intelectualidade,
Que me censura e coloca-me em prantos
Enfatizando a vontade de partir
Para um lugar distante.

Santa ignorância,
Que não me deixa entender os desígnios da vida
E coloca-me em constante perigo.

Santa ingratidão,
Que não me faz entender
As coisas ofertadas pela vida
E em voz claramente alta
Anuncia as incertezas.

Santa dúvida que me contamina,
Que faz com que meus pensares
Sejam voltados para os porquês.

Santa certeza de uma eterna ferida,
Que me levará para sempre
Sem que eu consiga entender quem sou eu.

TOCANDO A BOIADA

Lá vai o boiadeiro tocando a boiada,
Pensando na volta, saudade da amada.

Viagem longa, peito apertado,
Segurando o choro, tocando a boiada.

Boiadeiro feliz na volta pra casa,
De braços abertos encontra sua amada.

Unem-se os corações num longo beijo,
Exala dos poros um grande desejo.

A semente germinou, nasceu um rebento,

Lá vai o boiadeiro tocando a boiada,
Pensando na volta, saudade dobrada.

MORENA DENGOSA

Morena dengosa e cheia de graça,
Meu coração se alegra quando você passa

Seu sorriso é perfeito, sorriso maroto,
Me enche de energia, me faz um garoto.

Morena, seu olhar me fascina
E me deixa sem jeito.

Seu andar é macio,
Desfila em meu peito.

Morena de beleza exuberante,
Faz da vida um prazer.

Charme e elegância constante,
Menina morena, meu bem querer.

LUA DENGOSA

Pedi tanto pra lua clarear toda rua
Só para meu amor passar.

Que ela envergonhada, ficou entre as nuvens,
Esperando a noite findar.

Até que chegasse o sol,
Para toda a terra iluminar.

E, no final do dia,
Quando o sol for se esconder,
Eis que surgirá a lua
Toda dengosa e cheia de querer.

PRETEXTO

Tem gente que usa de pretextos
A fim de não trabalhar,
"Matam" todos os parente
Até nenhum sobrar.

Uns "matam" a mãe,
Outros "matam" a avó,
"matam" também a tia
E até a bisavó.

Esse tipo de gente
Até em pingo d'água dá nó
Se preciso for, "matam" a mesma pessoa duas vezes
Sem piedade e sem dó.

Quando terminarem os parentes,
De jeito nenhum, ficarão sozinhos,
Planejarão alguma maneira
De "enterrar" até o vizinho.

SONHO

Quando você foi embora
Para bem distante,
Meu coração ficou triste
E parou por um instante.

Minh'alma ficou abatida,
E a vida sem sentido,
Meus dias não têm sol
Por você ter partido.

Meu sorriso voltaria,
se tivesse você de volta
e dentro do meu peito
teria fim esta revolta.

Quando acordar, quem sabe,
eu tenha notícia do seu retorno,
esse é o meu sonho
mas apenas um sonho.

DIA DE TERROR

Onze de setembro,
Uma data marcada pelo terror,
O dia em que a maldade
Superou o amor.

O mundo, com seus olhos
Voltados para aquele horror,
Ficou paralisado
Sem ação e com temor.

Daquelas duas torres,
Escombros foi o que sobrou,
Vidas inocentes foram ceifadas
Num dia de muita dor.

Aviões se chocaram
Contra as torres do poder,
Mostrando a nação americana
Que nem sempre se pode vencer.

RECADOS DA VIDA

ADÃO E EVA

Conto aqui a história de Adão e Eva, de uma maneira descontraída e resumida.

O caos se instalou no mundo
Quando Eva foi criada.
Ela foi tão ingênua
A ponto de ser enganada.

E a serpente astuta,
Sem vergonha e safada,
Foi logo passando a lábia na Eva
Dizendo que a maçã não engordava

E quando Adão chegou em casa
Percebeu algo diferente,
Eva foi logo mostrando a maçã
Um presente da serpente.

Adão olhou aquela fruta,
Tão bonita e proibida,
E já na primeira mordida
Viu que Eva estava despida.

E quando Deus chamou Adão
Ele correu pra se esconder,
Pois os dois estavam nus
E não sabiam o que fazer.

Foram expulsos do paraíso
E o castigo ficou assim:
Comerás do suor do teu rosto
Até que a morte te dê um fim.

QUANDO FALTA O AMOR

Brinquei muito com meus filhos
Quando eram pequenos,
Brincava de carrinho
E até guerra de travesseiros.

Brincava de luta encima da cama,
Dávamos muitas risadas,
Brincava de bolinha de gude
E jogava bola no meio da sala.

Alguns objetos eram quebrados
No meio da diversão,
Mas isso era o de menos
O que importava era a união.

Através das brincadeiras,
Ensinava a ética e a educação,
E eles aprendiam que a honestidade
Faz parte de um campeão.

RECADOS DA VIDA

Não havia constantes castigos para educar
Nas raras palmadas que se dava, o bumbum era o lugar,
Mas eles respeitavam uma palavra
Ou um simples olhar.

Sei que hoje os tempos são outros,
E muitos pais não sabem educar,
Preenchem o dia da criança com castigos
E o amor... deixa pra lá!

São crianças que crescem
Revoltadas com os pais e o lar,
Por isso, preferem a casa dos avós,
Onde o amor e o carinho jamais irão faltar.

JOÃO E MARIA

João saiu muito cedo
Logo ao clarear do dia,
Levou consigo a experiência de vida
E em casa deixou Maria.

O tanque do carro
Encheu de combustível,
Levava consigo nessa viagem
A saudade de Maria.

Dirigiu sem descanso
Até o final do dia,
Logo tocou o telefone
Era engano, não era Maria.

Telefonou para sua casa,
Mas ninguém atendia,
Seus olhos encheram de lágrimas
De saudade da Maria.

Naquela noite sua mente não dormia
Pensava em mil coisas,
Sua vida estava ligada
A vida de Maria.

RECADOS DA VIDA

Logo no final da noite,
O amanhecer aparecia,
Mas João estava triste
Com saudade da Maria.

Resolve, então, voltar para casa
Estaciona devagarinho junto ao portão,
Seu coração bate forte
Pra João era muita emoção.

Ele entra e percebe
A casa toda vazia,
Como pôde fazer uma coisa dessas
João está sem Maria,

MEU PORTO

Esgarçou e se rompeu a corda
Que ficar junto a ti me fazia,
Que atraia tudo que era meu
Ao porto que me prendia.

Talvez pela ação do tempo
Talvez pelo fio da borda,
Tenha consumido lentamente
A contextura da corda.

Minha casa, o lar do meu sonho
No dia claro, no dia escuro,
Onde a ilusão ainda ponho
Porto, porto meu, seguro.

No destino da minha rota
Caminho com os pés descalço,
Na face, a esperança brota
Rumo que me leva a teus braços.

Mas a alvorada está distante
Somente o sonho a sustenta,
Sem bússola e exitante
Vejo o cabo da tormenta.

MINHA CIDADE É ASSIM...

Minha cidade é assim...
A gente vai caminhando pelas ruas calçadas,
Mas, de repente, aparecem os atalhos,
Misteriosamente, nos chamando.

Então, entra-se por caminhos desconhecidos,
Caminhos que se embrenham nos matos,
Exalando cheiros de ervas e de infância
São veredas românticas e cheias de segredos.

Minha cidade é assim...
Onde as ruas têm casas baixas, quase todas com jardins,
Dentro delas podem-se ver cachorros, gatos e crianças,
Nas varandas ficam as idosas, numa longa prosa gostosa.

Quando chega o entardecer
A gente segue na direção da brisa,
E em frente ao mar, antes do anoitecer
Lançamos um último olhar de despedida.

Não importa se é inverno
Outono, primavera ou verão,
Estamos sempre ali, em cada entardecer,
Em cada estação.

As gaivotas voejam na beira da praia
No banquete do final do dia,
Seus gritos se confundem com o rugido do mar,
Anunciando a todos que esta é a hora de amar.

Na volta para casa,
Nos acompanha os vagalumes,
Vagalumeando sobre as nossas cabeças
Com suas luzinhas verdes a piscar.

Em todo o trajeto, a natureza é exemplar,
Onde o poder de Deus não se pode negar,
É um assombro de beleza
Que só termina quando em casa chegar.

REFLEXÃO

Neste lugar de solidão,
Minha vida pude repensar,
Todos os erros e todos os enganos
Na minha tristeza a Deus confessar.

Foram dias em que pude ver
No olhar das pessoas,
A tristeza e a solidão,
O penar e o sofrer.

Nas noites mal dormidas
Depois de um grito ou gemido,
Vi pessoas dedicadas
A tirar o sofrimento de um amigo.

Em cada cena, observei
A oportunidade que cada ser tem,
De aceitar a Jesus como Salvador
E ir morar no céu, onde não há tristeza e nem dor.

MEU SEGREDO

Por mais que eu queira
Esconder meus sentimentos,
Os meus olhos te procuram
E você não me sai do pensamento.

Queria tanto não ter chegado a esse ponto,
Em que me apaixonei por sua beleza
Seu olhar e seu encanto,
E hoje meu coração vive aos prantos.

Dizem que para esquecer
O tempo é o melhor remédio,
Mas, desse remédio, não quero tomar,
Não quero te esquecer e nem deixar de te amar.

Mas essa história é só minha,
E você não pode imaginar,
Esse segredo guardo comigo
Até a morte me levar.

QUADRINHAS INFANTO/ADULTAS

Dona Chica cá
Dimirou-se se
Por causa do brilho dos meus olhos
Quando olho pra você.

Ciranda cirandinha,
Chega de cirandar.
Não quero mais dar voltinha
Quero mesmo é namorar.

Eu fui no Itororó,
Beber água e encontrei
Uma linda morena
Por quem me apaixonei.

Passa, passa, gavião
Ela me iludiu,
Pois colocou tranca
Na janela, no portão e também no coração.

Se eu fosse um peixinho,
Nadaria em todo o mar
A procura do meu amor
Que em alguma ilha deve estar.

Os escravos de Jó
Jogavam caxangá
Largue tudo que está fazendo morena
E corra para cá.

Se essa rua fosse minha,
De ouro mandava calçar.
Para toda tardinha,
Ver o meu amor passar.

A galinha do vizinho
Bota ovo amarelinho,
E o segredo vou contar para vocês
É que o galo é japonês.

O anel que tu me deste
Era vidro e se quebrou,
Restando apenas o aro
Que com o tempo enferrujou.

EU GOSTARIA QUE VOCÊ PUDESSE

Eu gostaria que você pudesse...
Me dar um abraço,
Andar na areia da praia
De mãos dadas e descalço.

Eu gostaria que você pudesse...
Me abraçar e me beijar
E, depois, contemplar as ondas do mar
Sendo iluminada pela luz do luar

Eu gostaria que você pudesse...
Se tornar realidade
E trazer para mim
Toda felicidade.

Eu gostaria que você pudesse...
Me acordar desse sonho
E dizer que tudo isso não vale nada
É apenas fruto de uma mente apaixonada
Eu gostaria que você pudesse...

MÚSICA E POESIA

Neste texto, usei o nome de 16 músicas, sendo elas: *Outra vez, Carinhoso, Deusa do asfalto, A Banda, Forró do tio Augusto, A volta, Tristeza, Retalhos de cetim, Felicidade, Como é grande o meu amor por você, Festa de arromba, Atirei um pau no gato, O Milionário, Pare o casamento, Devolva-me, Quero que vá tudo para o inferno.*

Hoje, vou começar tudo outra vez
Serei muito carinhoso com a deusa do asfalto.

E, com ela, ficarei na janela vendo a banda passar,
Mesmo sabendo que ela gosta
É do forró do tio Augusto.

A volta foi boa, mas a tristeza tomou conta de mim.
Quando soube que ela não iria desfilar,
Com retalhos de cetim.

Com o tempo, a felicidade voltou.
E eu pude dizer a ela: Como é grande o meu amor por você.

Ela aproveitou e me convidou para festa de um casamento,
Pois seria uma festa de arromba.

Chegando na festa, atirei um pau no gato que miava sem parar,
Atrapalhando os Incríveis que ensaiava O milionário para tocar.

Na hora da cerimônia, alguém gritou:
Pare o casamento e devolva o retrato que te dei.

E o caos se instalou naquela festa
E eu mais do que de pressa, e antes de sair,
Gritei: Quero que vá tudo para o inferno.

QUERIA SER

Eu queria ser como uma criança,
Alegre e cheia de esperança.

Eu queria ser como um adolescente,
Cheio de energia no corpo e na mente.

Eu queria ser como um jovem,
Que tem o amor em abundância.

Eu queria ser como um adulto maduro,
Que tem a experiência e a paciência.

Mas mergulhando para dentro de mim,
Encontrei a criança, o adolescente,
O jovem e o adulto.

E abraçados disseram a uma só voz
Agora que você descobriu a força que tem,
Grite para o mundo, que você é um ser,
Que você é alguém.

TRANSFORMAÇÃO

Sonhei com uma cidade,
Onde reinava a paz e harmonia
E tudo era perfeito
E eu com tantos defeitos
Fiquei sem graça e sem jeito.

A felicidade resplandecia
No semblante de cada um.
E a alegria era uma coisa comum
A palavra de ordem era confraternização
E todos cantavam uma linda canção.

Olhando aquela cena fiquei extasiado
Meu coração foi se enchendo de amor
Porque Jesus estava ao meu lado.

E quando do sonho acordei,
Já não era mais o mesmo, havia sido transformado
De Deus me tornei filho por adoção
Porque Jesus veio morar em meu coração.

VOCÊ, MINHA VIDA

Minha vida sem você
Não tem sentido
Perco o chão, fico perdido

Você é minha bússola, meu Norte
Sem você me sinto fraco
Mesmo me fazendo de forte.

Você é meu termômetro
Se você está alegre ou triste,
O mesmo sentimento em mim persiste.

Preciso de você alegre e feliz
Para que eu possa continuar sendo
De seus sentimentos, um eterno aprendiz.

Porque quando a minh'alma vislumbra a tua imagem querida
O meu coração se deslumbra, e eu sinto amor pela vida.

POLUIÇÃO SOCIAL

Poluição
É essa gasolina que fede em toda esquina
Só pra rodar nosso carrão.

Poluição
É esse desmatamento desordenado
Que acaba com o planeta, e nos manda pro caixão.

Poluição
Vem do cigarro, essa fumaça assassina
Pois quem fuma não imagina
Que da vida está perdendo uma porção.

Poluição
É o som alto dos carros
Que passam tocando "músicas" de gosto duvidoso
E assim indignado fico, pois meu ouvido não é penico.

Poluição
É jogar lixo na rua, pois a verdade nua e crua
É que, para o povo, falta educação.

Poluição
É o povo jogar lixo nos rios, como se fosse lixão
E para despoluir e tomar dessa água,
Vai gastar um dinheirão.

Poluição
É ver os políticos fazendo promessas em época de eleição
E depois de eleitos dão risada na cara do povão.

Poluição
É ver o povo do sertão nordestino, morrendo se sede e fome,
Enquanto a burguesia do planalto está gorda e farta.

Poluição
É ver pessoas roubando os cofres públicos
Sem nenhuma punição,
Enquanto o povo calado, assiste a morte de uma grande nação.

Wilson Kocis

ERREI DEMAIS

Se errar é humano, sou humano demais.
Magoei pessoas queridas
Até não querer mais.

As pessoas que outrora
Confiavam em mim, já não confiam mais
E para isso, meus erros foram fatais.

Reincidi nos erros, sou fraco demais
E, hoje, a minha amada
Está longe dos meus ais.

Apesar de estarmos juntos,
Já não sinto o seu calor
Meu coração está triste, implorando seu amor.

Se eu pudesse voltar atrás,
Tomaria outros rumos, seria um homem diferente,
Terminaria os dias com minha amada, alegre e contente.

Mas se não posso o que foi feito desfazer,
E novamente sua confiança ganhar
Vou ficar no meu canto quietinho
Esperando a morte chegar.

Um coração triste e aflito...

VONTADE DE CHORAR

Manhã nublada, sem esperança e magoada
O amor esvaindo em desamor
E tudo que eu era já não sou.

A tristeza reinando, fazendo a alegria chorar
O amor alegre, travesso, hoje vive aos tropeços
Colocando a vida de pernas para o ar.

Quanta agonia nesta manhã tão fria
Vontade imensa de chorar,
Mas as lágrimas não rolam
Secaram dentro do meu olhar.

SEM ESPERAR

Noite escura, rua deserta.
Vida incerta por erros cometidos
E não digeridos.

Caminhar cauteloso, passo medroso
Vida sem plumo, sem eira e sem rumo.

Fatos do passado influenciam a mente,
E o futuro é dependente do que acontece no presente.

Mas uma coisa é certa, e não se pode negar:
A morte é chegada, mesmo sem esperar.

PASÁRGADA

Pasárgada é o meu canto,
Onde eu posso viver livre
Com liberdade e encanto.

Sem opressão e sem cobranças
Que me tiram da lembrança
As coisas boas que já vivi.

Em pasárgada tenho liberdade agora,
Imperando a alegria
Deixando a tristeza de fora.

Pasárgada é o meu canto,
Onde posso viver o meu mundo,
Rever meus conceitos, erros e acertos.

Pasárgada é o meu canto
E sempre que preciso
É lá que me encontro.

LÁGRIMAS

Pássaros voam e cantam, um canto encantador,
E por momentos tiram de dentro do meu coração
A tristeza e a dor da solidão.

Lágrimas rolam na minha face
Demonstrando o sentimento de saudade
Daqueles que não estão
E que jamais retornarão.

ESCOLHA DO CORAÇÃO

Luar é o brilho intenso da lua
Que ilumina toda rua
Para o meu amor passar.

Apresse os teus passos meu amor,
Pois estou a te esperar
Não suporto essa espera, eu só quero te abraçar.

Estar em teus braços
É o meu sonho de viver
E cada segundo que passa, é um tormento sem você.

Foi amor à primeira vista, isso eu não posso negar,
É meu coração que escolhe
Por quem vou me apaixonar.

INVERDADES

Tempo nublado, coração apertado.
Pessoas que, com suas dúvidas,
Nos deixa chateado, triste, magoado.

Dizer o que não é verdade
Sempre nos irrita, tira nossa alegria.
Mas é uma batalha
Que temos que enfrentar, no nosso dia a dia.

Temos que aprender a não levar em conta
Certas palavras que só nos desaponta.
Mas a verdade pura, nua e crua
É que nos faz verdadeiro.

Pois ri muito melhor.
Quem ri por derradeiro.

PLENA CERTEZA

O olhar perdido no horizonte
Observo sobre os montes
O meu Senhor Jesus.

O seu coração está triste,
Pois a humanidade insiste
Em não seguir o caminho da cruz.

Açoitado, humilhado e desprezado,
Ele não negou as ordens do Pai
Foi fiel até a morte, sem dizer um ai.

Morreu sim, mas ressuscitou e vivo está
Nos dando a certeza de que um dia Ele voltará
Para levar a todos que seu nome confessar.

E lá no céu, não haverá tristeza
Pois Jesus nos deu a plena certeza
Que com Ele vamos morar.

ALTOS E BAIXOS

Aproveitando a brisa que sopra a nosso favor,
Voamos na direção de nossos objetivos
Com muita garra e amor.

A calmaria muitas vezes
Nos deixa no marasmo
E acaba acontecendo coisas
Que nos deixam pasmo.

E logo chega a tempestade
Que deixa a vida de pernas para o ar
E precisamos nos agarrar nos destroços
A fim de nos salvar.

Mas, o tempo passa e a brisa volta a reinar
Mostrando para nós, que não adianta desesperar
Pois o tempo se encarrega de colocar
Cada coisa em seu devido lugar.

ESCOLHA ERRADA

Olhando a chuva que cai na calçada
Meu pensamento vai longe à procura da minha amada
Meu coração bate forte, acelerado
Mas triste por amar tanto, e não ser amado.

Saio à procura pelas ruas
E não encontro meu amor.
Como pode um ser amar tanto
E, em troca, receber a dor.

Mas o único culpado é este meu coração
Que fez sua escolha no impulso, na emoção
E trouxe para mim, apenas tristeza e decepção.

MELHOR IDADE

Acordou cedo, olhou no espelho
Viu a pele de seu rosto amarrotada
Sinais de que o tempo não tem parada

Encurvou-se a fim de escovar os dentes
Uma dor pontiaguda lhe arrebatou,
Foi o nervo ciático que piorou.

RECADOS DA VIDA

Faltar ao trabalho? Nem pensar!
Se entulhou de remédios,
Pensando em melhorar.

Por causa dos comprimidos,
A gastrite resolveu atacar
Unindo ciático e gastrite, a fim de judiar.

Depois, veio uma dor na perna, que nem conseguia andar,
Mas isso é coisa da idade
Não precisa se preocupar.

E, muitas vezes, os outros passavam-lhe à frente
Na fila da fisioterapia,
Por problemas de audição, a chamada ele não ouvia.

Mas, para ele, nada disso importava,
O que ele queria mesmo era descobrir
Quem inventou essa frase maravilhosa:

De que a pessoa idosa, está na melhor idade
Da sua história gloriosa.

AOS PRANTOS

E num canto eu vi a morte aos prantos
Por não conseguir me levar,
Pois a minha mão da tua mão eu não quis tirar,
E meu coração entreguei a ti
Pra nunca mais deixar de te amar.

AMOR SINCERO

Onde quer que você vá, perto eu queria estar
Tomar conhecimento do seu pensamento
Ajudar seus sonhos realizar.

Quem sabe um dia baixando a poeira
Você consiga me enxergar,
E olhando nos meus olhos descobrirá
Que as lágrimas que deles escorrem
É de tanto te amar!

RECADOS DA VIDA

SUBINDO A MONTANHA

Olhando a alta montanha, decidiu subi-la
E chegar ao topo, custasse o que custasse,
Nada e ninguém iria impedi-lo
Mesmo que tal sonho demorasse.

Começou a subir com todo ímpeto
Junto a outros que tinham o mesmo desejo,
Porém subiam muito devagar
Atrapalhando o seu rápido caminhar.

Mas tudo escureceu ao seu redor
Quando a noite foi chegando,
E continuava a subir sem se importar
Em quantos estava pisando.

Inesperadamente começou a trovejar
E relâmpagos cruzavam o céu,
Iluminando a noite e a chuva torrencial,
Impedindo dessa forma sua vontade brutal.

Não conseguindo mais subir,
Aos poucos foi descendo,
E já ao pé da montanha
Se deu conta do seu tropeço.

Se viu todo molhado e sujo de lama
Que seus próprios pés haviam feito,
E ao seu redor pessoas riam
Do seu estado, do seu jeito.

Pôde, então, perceber o quanto estava errado,
Precisava tomar uma atitude, para estar regenerado,
Precisava daquelas pessoas
Para ver seu sonho realizado.

Tomou então um demorado banho de humanidade
E retornou àquela montanha,
Não para ser um vencedor
Mas um campeão de humildade.

MENINA

Menina pequenina charmosa e elegante
Desde cedo, desfila sua beleza deslumbrante.

Menina de bom caráter, doce como o mel.
Se preciso for, menina, buscarei as estrelas lá no céu.

Suave como a brisa, é esse teu jeito de ser
Pra mim, você é tão importante menina,
Que jamais vou te esquecer.

ONDE QUERES PASSAR?

O dia amanhece, e o sol sobre a montanha aparece
Trazendo alegria ao coração daqueles que a Deus enaltece.

Observe o sol, a lua, as estrelas, observe a natureza
E verás a grandeza infinita do poder de Deus.

O ar Deus a todos oferece, e com seu imenso amor
Os corações Ele aquece.

Mas para o homem sua alma salvar
É preciso uma decisão tomar.

Céu ou inferno onde queres
A eternidade passar?

MUDANÇA

Por mais que eu queira,
Eu não consigo mudar sua maneira.

Você é o que é, e faz o que bem quer
Não mede as consequências do que há de vir.

O castigo vem a cavalo, pode até desesperar
Mas com as consequências vai ter que arcar.

Com o arrependimento, vem o entendimento
E sua vida tende a melhorar
Desde que entregue a direção a Jesus, para Ele te guiar.

GESTOS QUE TRANSFORMAM

— O atleta vence uma maratona dando passada por passada.

— O livro que você lê foi escrito letra por letra.

— Os minutos, horas, dias, meses, anos, décadas, séculos, milênios
 se sucedem segundo por segundo.

— O majestoso carvalho começa nascer na simplicidade de uma semente.

— A imensidão das águas dos rios se forma de pequenas nascentes.

— Os pássaros constroem seus ninhos, carregando graveto por graveto.

— Não fossem as gotas, não haveria chuvas.

— Se não fosse assentado o primeiro tijolo, não haveria belas construções.

— As dunas e os imensos desertos se compõem em minúsculos grãos de areia.

— O mundo de paz, harmonia e de amor que tanto desejamos
Só será construído a partir de pequenos gestos de compreensão, respeito,
Solidariedade, ternura, fraternidade e perdão, dia a dia.

— Ninguém pode mudar o mundo, mas podemos mudar uma pequena parcela dele:
Esta parcela que chamamos de "EU"
Não é nada fácil e nem rápido, mas vale a pena tentar!

COMO EU QUERIA SABER

Eu queria saber de tudo um pouco
E assim saberia o porquê do seu pranto
Eu queria saber sobre a perfeição do luar
E assim saberia a melhor maneira de te amar.

Eu queria saber mais sobre a humildade
E tirar de cada coração toda maldade
Eu queria saber mais sobre a bondade
E assim plantaria em cada coração a generosidade.

Eu queria saber mais sobre o coração
E arrancar pela raiz, todo rancor, mágoa e tensão
E inserir no mais profundo da alma
O amor e o perdão
Como eu queria saber...

RECADOS DA VIDA

CABOCLA

Cabocla, teu andar me fascina,
Teu sorriso me encanta, e tua voz me alucina.

Teu cheiro é suave, tua pele macia,
Teu quadril é feito de flores
Que a mim desperta nas noites de amores.

Despertar ao seu lado a cada manhã
É desejo do meu coração, viver ao seu lado
Será sempre uma grande emoção.

NÃO DESISTO

Solidão, porque bates em minha porta
Já não chega o meu sofrer, o meu penar?

Porque, solidão, insistes em ficar
Será aqui o teu lugar?

Não, não creio que este lugar te pertence
Vá solidão fazer morada em outro coração.

Eu insisto e não desisto, procuro em todo lugar
Sei que um dia a felicidade vou encontrar.

A PRINCESA DOS CABELOS DOURADOS

O coração da princesa dos cabelos dourados eu conheci
Onde imaginei ter visto uma placa que dizia: "Passa-se
o ponto",

E eu, no ímpeto daquele encanto,
Me achei no direito de o seu pranto enxugar,

Ingênuo como uma criança e cheio de esperança
Não percebi o tempo passar.

Rapidamente, o tempo passou, e o dia da despedida chegou
Eu pude então perceber o quanto meu coração iria sofrer.

Mas a linda princesa não percebeu o sentimento
Puro e sincero deste pobre plebeu.

Sei que este sentimento é de difícil compreensão,
E à princesa dos cabelos dourados eu peço perdão.

RECADOS DA VIDA

TENHO CERTEZA

Dizem que temos um sexto sentido
Não sei se pelo que há de vir
Ou pelo que temos vivido.

Sinto que algo está para acontecer
Não sei se à tarde, se à noite
Ou no amanhecer.

A angustia da espera nos faz medo pelo desconhecido
Será o prenúncio de tempestade
Ou a mão estendida de um amigo?
Mas, de uma coisa tenho certeza, e isso já pude provar
Que Jesus mora em meu coração, na minha casa e no meu lar!

PARTIDA SILENCIOSA

Saudade, solidão, sofrimento
Invadiu o meu peito quando você partiu.

Partida silenciosa, sem uma palavra
Sem um gesto, nem um olhar.

Partida sem motivo, sem razão
E que machucou muito meu sofrido coração.

Mas, se um dia você resolver voltar
E vier bater em meu portão.

Me encontrará de braços abertos
E meu coração repleto dessa doce palavra: perdão.

FRUTO DO AMOR

Com um cântaro de barro e um cesto de palha
Lá vai ela tirar água da cisterna,
E colher frutas para o seu amado

O balde desce e bate nas águas cristalinas
O balde sobe e tráz água fresca
Para saciar a sede dos que estão encima
Ela agora vai colher belas frutas no seu pomar bem cuidado,
Pêssegos aveludados, uvas rosadas, framboesas de dar água
na boca...

Pronto, agora chega; meu cesto já está pesado
Ah! Que bom... é chegado o meu amado!

Ela caminha feliz, pois está ao lado do seu amado
Ele com um olhar de ternura, coloca de lado o cesto de frutas
E o cântaro cheio de água

Deitando sua amada sobre a relva verde
Faz ela se sentir a mulher mais amada

A ÁGUIA E O LEOPARDO

A águia pousada no topo da montanha, observa atentamente
a planície
E com sua visão aguçada, vê uma presa em movimen-
tos rápidos

Olhando a vastidão do espaço, a águia alça voo silencioso,
Sem chamar a atenção

Mas... mesmo em passadas rápidas, e com seu olhar voltado
para sua presa
O leopardo pressente a aproximação de outro ser

E aos poucos vai diminuindo suas passadas, e começa a
observar aquela águia
E fica extasiado com a beleza e elegância daquela
rainha dos ares

A águia por sua vez, analisa atentamente a possibilidade de
uma aproximação
E vê no olhar do leopardo a doçura do carinho e admiração

O leopardo, encantado com tanta beleza, apenas deseja
Ter asas para voar e estar perto da sua rainha e amar

A águia, percebendo a agonia do seu amado,
Pousa suavemente ao seu lado, para nunca mais voar

ASAS PARA VOAR

Se eu tivesse asas para voar
Voaria ao teu encontro,
Falaria da minha saudade
Do meu amor e do teu encanto.

Da saudade que sinto de ti
Diria o quanto ela me dói
Machuca-me e me destrói.

Do amor que sinto por ti
Diria o quanto é puro, sincero e verdadeiro
Entregando o meu coração
Não em pedaços, mas por inteiro.

Dos teus encantos, muita coisa me fascina
Tua voz melodiosa, teu jeito dócil
Tua beleza ingênua, e teu olhar que me alucina.

Ah! Se eu tivesse asas para voar
Já estaria ao lado da minha outra metade
Colocá-la-ia sobre as minhas asas
E voaria rumo à felicidade.

Wilson Kocis

MEDO DE AMAR

Quando a noite chega
Encosto a cabeça no ombro da escuridão,
E fico imaginando e tentando descobrir
O que se passa com seu lindo coração.

Coração fechado, triste, magoado
Que não aceita se apaixonar,
Coração trancado por dentro
Com medo de se enamorar.

Alguém sem amor, sem compaixão
Maltratou esse pobre coração,
Coração que precisa sua porta abrir
Para voltar a viver e sorrir.

Abra a porta coração
Nem que seja uma fresta,
Para que entre a luz do amor
E encha sua vida de alegria e muita festa.

Abra a porta só um pouquinho
Quero apenas espiar,
Conhecer por dentro
Um coração sem amar.

RECADOS DA VIDA

Prometo sua porta não escancarar
Apenas entrar de mansinho,
Cuidar das feridas do passado
E, com muito amor, fazer meu ninho.

A NOBREZA ESQUECIDA DOS PÉS

Quando se fala em termos de corpo,
Sempre se enaltece o cérebro, coração, os pulmões,
Os pés são uma parte do corpo à qual não damos valor,
Ouvem-se, sim, elogios aos calçados.

Só damos valor aos pés, quando entra uma pedra no sapato,
Ou quando surge uma unha encravada,
Ou ainda quando nos pisam... Aí usamos até impropérios
Por causa do pé; aí verificamos que o pé merece ser valorizado.

Ante o acidente com os pés, diante do sofrimento deles,
O corpo desce da impotência do seu porte.
O cérebro se coloca a serviço deles, as mãos se tornam ser-
vas dos pés,
Os olhos deixam de contemplar as coisas que estão por cima.

Pés sem calosidade, bolhas, unhas encravadas, joanetes,
verrugas,
Torceduras, micoses, e rachaduras, são pés bonitos e
que merece
Ser vistos e apreciados, não somente por sua beleza,
Mas por sua utilidade durante nossa vida.

São os pés que nos levam pelos caminhos da vida,
São eles que galgam as altas montanhas,
São eles que descem os barrancos, mesmo aos trancos,
São eles... Sempre eles...

São eles que nos levam, com submissão e docilidade,
Obedientes, pelos caminhos do bem e do mal,
Ainda que não quisessem trilhar por esses últimos,
Trilhando o caminho do bem, até o coração agradece.

Cuidemos com carinho dos pés, porque:
"Quão formosos os pés dos que anunciam a paz, dos que
anunciam coisas boas!"

SER JOVEM

Ser jovem...
É ter nos olhos o brilho da alegria
No coração, amor que transborde,
Que transmita paz de verdade
E que gere aos outros felicidade.

Ser jovem...
É descobrir em si, fontes de energias
Que Deus colocou em cada coração,
Inteligência para aprender
Vontade e disposição para querer.

Ser jovem...
É caminhar nos passos do homem que disse:
Eu sou o caminho, a verdade e a vida,
É acreditar que há muitas descobertas por fazer,
É descobrir a vida como um ideal que vale a pena viver.

Ser jovem...
É saber que existem árvores para plantar
Casas para serem edificadas,
Caminhos para serem desbravados
E pontes para serem levantadas.

Ser jovem...
É ser a beleza da humanidade
A primavera da vida,
A promessa do mundo.

SECRETÁRIA

As sete e quarenta, ela chega toda contente
E sorridente cumprimenta: bom dia! Zé
Bom dia! Secretária.

Sem perder tempo, vai direto para sua sala.
Começa a se preparar para mais um dia de trabalho.

As oito em ponto, já está à disposição do patrão.
Prepara a agenda, atende ao telefone, sempre com
alegria, e satisfação.

As nove, o Zé traz o cafezinho, coado na hora, fresquinho.

.

Antes de tomar o cafezinho, ela ouve o chefe chamar:
Secretáaaaaria!
E ela toda sorridente vai atendê-lo: pois não, em que posso
ajudá-lo,
Estou à sua disposição!

Preciso que me prepare esses documentos, se ganharmos a
concorrência, vamos faturar alto.
Preste atenção: a reunião será esta noite, capricha!

Ela responde: pode deixar, antes de ir embora pronto estará.
Ela volta a sua mesa, e começa esse importante trabalho.
Sabe que será um dia atarefado.
Mas... Antes vai tomar seu cafezinho, que agora já está frio.
Ela não se importa com isso, ninguém sabe ninguém viu!

Ela começa no maior capricho,
O importante é o trabalho sair bem feito
Ela sabe que se a empresa vai faturar alto

No ordenado, cheira aumento
Ela é exímia no teclado, ela não corre, voa
Só com o cafezinho da manhã, e sem almoço.
Já no final da tarde, ela termina o serviço,
Não um simples trabalho, mas... Uma obra prima.

Exausta, mas contente, organiza tudo em uma pasta
E com um sorriso de felicidade, vai ao chefe
Entregar a sua obra.

O chefe sem olhar para ela, diz: Pode deixar sobre a mesa!
Até amanhã!
Ela com sua simpatia responde: Boa noite! Até amanhã!

Vai até sua sala, pega sua bolsa e sai, toda feliz!
Com o sentimento de missão cumprida
E com um sorriso diz: Até amanhã! Zé.
Até amanhã! Secretária.

Em seguida, o chefe
chama: secretaaaaaaaaaaaaaaaaaaaaaaaaaria,
Secretaaaaaaaaaaaaaaaaaaaaaaaaaaria.

O Zé ouvindo os gritos do chefe avisa: ela já foi embora...
E o chefe mal humorado, resmunga:
Não tem problema... amanhã... Ela me paga!

SURDO, CEGO E MUDO

Somos perfeitos?
Somos surdos ou nos fazemos de surdos
Quando a miséria e a fome gritam.
Desesperadas à beira da morte?

Somos cegos ou nos fazemos de cegos
Quando nossos irmãos mortos vivos.
Fazem-nos gestos de apelos sofridos.

Somos mudos ou nos fazemos de mudos
Por não termos coragem de denunciar.
E dizer: eu quero te ajudar...servir...doar!

Continuaremos cegos, surdos e mudos?
É cômodo ficar assim.
Sabem quando passaremos a ouvir, enxergar e falar?
Quando estivermos sentindo na própria pele!
...Somos imperfeitos.

A UNIÃO DAS IDADES

Os jovens e adolescentes de hoje
Veem o idoso como um parasita somente
E fazem de tudo, para que prevaleça
Aquilo que está em suas mentes.

O idoso não sabe "nada"
Na opinião dos jovens e adolescentes
Serve para ficar na beira do caminho
Atrapalhando muita gente.

Se o pensar e agir dos jovens e adolescentes mudasse,
Para o idoso, seria um achado
Poderia mostrar seu amor
E se sentir muito mais amado.

Poderiam juntos construir um mundo melhor
Cada um dando sua parcela nessa união.
Os jovens e adolescentes com sua garra e empolgação,
E o idoso com sua experiência e compreensão.

Vamos todos juntos, adolescentes, jovens e idosos,
Unidos e com um único pensar
Levar a palavra e o amor de Deus
Às pessoas que precisam se salvar.

MUDANÇA RADICAL

No meu mundo, era só eu
Os valores eram os meus
Você foi chegando e invadindo.

Você foi ganhando seu espaço
Conquistando seu lugar,
E tudo que era meu
Agora é nosso.

Você é o termômetro da minha vida,
A alegria do meu sorriso,
O brilho dos meus olhos,
O calor que me aquece.

Você é o sol do meu céu,
A lua da minha noite,
Você e o beijo que me cala
E enlouquece.

Você... Meu mundo.

ENTREGA

Teu olhar no meu olhar
Faz-me flutuar.

Tua mão na minha mão
Faz vibrar meu coração.

Teus lábios nos meus lábios
Faz meu coração se apaixonar.

Teu corpo no meu corpo
Faz meu mundo girar.

E o que era só meu
Já não mais será.

Wilson Kovis

A VIAGEM

No trem chamado coração,
O maquinista é o perdão,
Entram muitos passageiros,
Uns são bem-vindos, outros não.

Mas, a porta está aberta,
Pode entrar quem quiser,
Uns ficam sentados,
E outros em pé.

Entre os passageiros, encontra-se:
A paciência, o ódio, a tolerância, a mágoa,
A fidelidade, a inveja, a resignação, a mentira,
A alegria, a hipocrisia, e o amor.

A paciência pensou consigo mesma:
Tenho muita, mas muita paciência,
Aconteça o que acontecer, vou ficar.

O ódio gritou bem alto: tenho ódio de vocês,
Na próxima estação, parem o trem que vou descer.

A resignação comentou: quer descer, desça,
Estou resignada, não vou descer, vou esperar para ver

A mágoa ficou muito ressentida, e pediu para descer.

A tolerância disse: eu vou ficar aqui é o meu lugar.

RECADOS DA VIDA

A inveja não se conteve e desabafou:
Não estou aquentando de tanta inveja de vocês,
Estou sufocada, preciso descer.

Eu não desço, gritou a fidelidade,
Sou fiel aos meus amigos, vou até o final.

A mentira correu e disse ao maquinista,
Não suporto você, perdão, vou descer na próxima estação.

Disse a alegria: estou muito alegre pra me aborrecer
Vou continuar contagiando as pessoas,
Para sorrir e viver.

A hipocrisia vendo toda aquela alegria foi logo se manifestando:
Olha gente! Gosto muito de todos vocês, mas... Tenho
que descer.

Pessoal, vamos amar uns aos outros,
Eu amo todos vocês, disse o amor.
Na esperança, de não descer mais ninguém
De repente o trem parou, e o maquinista perdão.
Logo exclamou: pessoal... Ponto final,
E agora a grande surpresa: por nossa amizade e união,
Pudemos demonstrar nesta viagem: nossa paciência,
Tolerância, resignação, alegria, amor, perdão e fidelidade.

Vamos todos descer, pois nos espera de braços abertos,
A felicidade.

TEU OLHAR

A brisa... O céu... O mar...
me traz à lembrança, o teu meigo olhar,
Olhar que me fazia sentir,
O clarão da lua cheia,
O orvalho na relva verde,
A beleza do amanhecer,
E o calor do sol no entardecer.

Desse olhar, guardo na mente,
a doce lembrança,
E no coração a esperança, de um dia o rever.

RECADOS DA VIDA

A VERDADEIRA BELEZA

Quando jovem, minha beleza era externa, mas não eterna.
Quando fiquei adulto, minha beleza teimava em ficar.
Mas o tempo passava e avisava: ela tem que mudar.

Hoje, com mais idade, minha beleza mudou de lugar
Mudou para um lugar, onde as pessoas não conseguem
enxergar.

Mas, com certeza, o tempo fez minha beleza aumentar.
Hoje sou mais feliz, o tempo me deu belezas, que outrora
não tinha.

Hoje...
Tenho a beleza da experiência.
Tenho a beleza da compreensão.
Tenho a beleza da paciência.
Tenho a beleza da humildade.
Tenho a beleza de ter uma esposa.
Tenho a beleza de ter filhos.
Tenho a beleza de ter netos.
Tenho a beleza de ter um lar.
Tenho a beleza de ter cabelos brancos.
Tenho a beleza da salvação.

Hoje, sou mais bonito, minha beleza é diferente
Tenho, no coração, a beleza de um Deus
Que vive eternamente.

JANELA DO TEMPO

Olhando pela janela do tempo
Vejo que minha vida é um monturo
Do lado esquerdo vejo o passado
E do lado direito o futuro

Observo que no passado
Quase nada acrescentei,
Fui omisso em muitas coisas.
Por isso, sofri e penei.

No presente, com idade já avançada,
Sinto que estou ficando de lado,
Sem esperança de melhorar minha vida.
Já não sou tão amado.

O futuro só a Deus pertence,
Somente uma coisa quero pedir:
Que ampare minha família.
Depois que este velho partir.

RECADOS DA VIDA

MINHA POBRE GENTE

Quando o luar entra pela janela,
Como se fosse uma luz incandescente,
Eu fico pensando na minha pobre gente.

Gente humilde, trabalhadora, honesta.
Gente sofrida, mas de grande brio.

Gente que ainda mantem um fiozinho de esperança,
Esperança de um dia, alcançar um risonho porvir.

Gente que, com suas mãos estendidas,
Procuram a razão de sua existência.

Encontram e ouvem seus conterrâneos
Que fazem promessas mil, como jamais se viu.

Gente que, na sua ingênua confiança,
Coloca raposas e lobos, disfarçados de iguais a nós.

Para tomarem conta do curral e do galinheiro,
E porque não dizer, do nosso dinheiro.

E esses que são iguais a nós, porém mais iguais do que nós,
Vão com tanta avidez sugar o seio da mãe gentil.,

Que sobra para minha pobre gente
Somente os respingos de leite,
Dessa teta gigante chamada Brasil.

A DOR DA SOLIDÃO

Minha mente vagueia,
Nas densas trevas da solidão,
A ausência de amor está matando,
Pouco a pouco, meu pobre coração.

No amanhecer, não vejo graça,
Meu dia é cinzento,
De mansinho chega noite.
E com ela meu tormento.

Outra noite sem dormir,
A solidão em mim bate forte,
Minha mente diz ao coração.
Não desista, procure seu Norte.

RECADOS DA VIDA

Ah! Se eu encontrasse meu Norte,
Minha via ia mudar,
A lua, o sol, e o amor
Cada qual em seu lugar.

Meu coração não sabe o que é amor,
Creio não saber amar
Mas contigo ao meu lado
Vou aprender e ensinar.

Meu ser pede humildemente, ouça o que ele diz
Contigo quero ser um eterno aprendiz
Vem e encha minha vida de alegria, paz, emoção
E, em troca, te darei meu sofrido coração.

MARCAS

Pelas circunstâncias da vida,
Perdi muito da motivação,
Perdi parte de minha alegria,
Deixando a tristeza invadir meu coração.

A perda de entes queridos
Fez em mim marcas profundas
Que o tempo pode amenizar,
Mas jamais apagar.

Hoje, minha alegria é triste,
São poucos os motivos para sorrir.
Minha alegria são meus netos,
Que ainda posso curtir.

Mas é nesses momentos
De tristeza e solidão
Que faço meus escritos
Aproveitando a emoção.

FRASES

AMOR PERFEITO

Amor perfeito é aquele que tem o nosso jeito.

ARGUMENTO

Coincidência é o argumento usado por aqueles que desconhecem a palavra Deus.

ARMA PERIGOSA

Sendo a paixão uma arma perigosa, quero que vire logo amor,
Para que eu possa te cantar em verso e prosa.

BARQUINHO DO AMOR

Barquinho do amor,
Deslizando e se deliciando
Numa enxurrada de paixão.

BELO E OUSADO

Um belo e ousado olhar reflete o que vai no pensamento.

BRILHO

A presença do sol iluminando o dia faz com que possamos crer que é Jesus o brilho do nosso viver.

COISAS BOAS E MÁS

O coração absorve coisas boas e coisas más, e depende de nós o direcionamento de tais coisas.

COLHA OS FRUTOS

Quando jovem, plante o amor no coração de seu filho,
E quando velho, colha os frutos da bondade, compreensão e carinho.

CHORA VIOLA

Chora viola, chora,
Chora também por mim,
Meu amor foi embora
E deixou essa tristeza sem fim.

DESABAFO

Eu não solto as palavras,
Elas ardem dentro do meu peito,
Eu não desabafo
Pra quê? Não tem jeito!

DESPREZO

Os jovens que desprezam os idosos, ignoram a possibilidade
de chegarem lá, achando que jamais irão envelhecer.

ENCONTRO DOS OLHARES

No encontro dos olhares,
O mundo se faz pequeno,
Podendo nos dar a felicidade
Ou um copo de veneno.

ENTREGA

Assim como o rio entrega suas águas ao mar, a ti entrego o
meu coração, pra jamais deixar de te amar.

ESQUECER

Perdoar é esquecer...
Esquecer a pessoa que te magoou.

FORMOSEIA

O sorriso formoseia o semblante, trazendo alegria a cada
momento, a cada instante.

GENTILEZA E EDUCAÇÃO

Gentileza e educação cabem em qualquer situação.

GRANDES PASSOS

Muitas vezes, os líderes nos fazem dar grandes passos, mas para fora da estrada.

HOJE, AMANHÃ, ONTEM!

Hoje é o amanhã com o qual te preocupavas ontem.

IMPOSSÍVEL

O homem somente alcança o impossível se dobrar os joelhos.

JÁ NÃO POSSO FICAR

A fim de te encontrar, deixei minh'alma viajar e, longe desse lindo sorriso, já não posso ficar.

LIBIDO

O calor dos teus lábios faz minha libido inflamar,
A noite fica curta, e o sol vem nos chamar.

O AMOR É ASSIM...

O amor é assim
Quando puro e verdadeiro,
Estando junto de você
Quero amar o dia inteiro.

MAIS CHEGADO

Se tens um amigo mais chegado que um irmão, dê graças a Deus.

MELHOR É O AMOR

Quando o ódio se vai... o amor floresce...
E a vida acontece.

MESMO AUSENTE

O sol é como uma grande paixão, mesmo estando ausente,
aquece nosso coração.

MUDANÇA

Solidão é tempo de mudança.

O SOL E A LUA

O sol já se foi, e a lua veio ver, trazendo um brilho intenso
iluminando o amor que sinto por você.

OÁSIS

Nos desertos que atravesso na vida, meu lar é o meu oásis.

PALAVRAS

Palavras ao vento, desperta discórdia

PALAVRA AMIGA

Uma palavra perversa tirou-me da conversa,
Mas foi uma palavra amiga que salvou minha vida.

PEREGRINANDO

Peregrinando vou por esta vida, levando topadas, mas de
cabeça erguida.

PÉTALAS DE ROSAS

Todas as mulheres deveriam ter, em seu caminhar, pétalas
de rosas perfumadas e molhadas com o orvalho do amor.

PRIMEIRA IMPRESSÃO

A persistência preconceituosa
Numa primeira impressão,
Pode afastar de você a pessoa
Que te levará ao primeiro milhão.

RAIOS DE SOL

Os raios de sol pela manhã nos enchem de alegria,
E nos dão vigor para terminar o dia.

RESPEITO

Essa chuva que lava minh'alma, que me tranquiliza e
me acalma,
Me faz olhar com mais respeito para você.

SEGREDO

Nos extremos do coração,
Nasce a beleza do olhar,
Esse é o segredo que nos leva a viver e amar.

SEM EIRA E SEM BEIRA

Quem sai na chuva é pra se molhar,
Saia descalço e lave sua alma,
Depois, fique "limpo"
Sem eira e sem beira, mesmo que não queira.

SINTOMA

A falta de cultura é um sintoma de ingratidão.

SOL E ORVALHO

O amor é como a alegria do nascer do sol, nas manhãs
primaveris,
E o chorar, como o orvalho na relva verde nos dias de luar.

SORRIR FAZ BEM

Sorrir faz bem ao coração, alegra o ambiente e traz satisfação.

TODA MÃE

Toda mãe recebeu de Deus uma semente que germinou, e que deve ser regada com muito carinho e amor.

VERSOS EM POESIA

Não te dou flores porque murcham e caem no chão, mas te dou versos em poesia pra guardares no coração.

VALIDADE

Todo aquele que se envolve com droga, passa a ter prazo de validade.

PENSAMENTOS

AMIZADE

A amizade é uma forma de nos afastar da violência que nos rodeia.

AMIGO FALSO

A sombra do amigo falso aparece, quando o sol estiver brilhando para você.

AMBIÇÃO E ESFORÇO

Sem ambição e sem esforço, nada se constrói.

AVENTURA

Vive feliz quem olha a vida como uma aventura, e não como uma tragédia.

ALMA

Se queres valorizar teu caráter, deixe tua alma crescer.

AJUDA

Terás um verdadeiro tesouro no céu se ajudares teu próximo.

ADMIRADO

Todo homem que cai e levanta deve ser admirado.

APRENDA

Para seguir adiante com firmeza, aprenda com os fracassos.

AMOR

Para o amor ser belo e grande, é preciso que sofra, *perdoe e sinta saudades.*

APRENDIZADO

O aprendizado sobre trabalho, ordem, compreensão, caridade, benevolência começa dentro do lar.

AGRESSÃO

Não faça de seu verbo um instrumento e agressão.

AVANTE

Vá em frente com seus acertos e deixe que apontem seus erros.

ACERTO

O erro ensina o caminho do acerto.

A ARTE DE VIVER

A arte de viver consiste em fazer o bem sem causar o mal

BARREIRAS

As barreiras da separação e da inimizade somente serão derrubadas pelo amor.

CABEÇA

Cada um vive no mundo que sua cabeça criou.

CONSELHO

O conselho de quem é experiente é bom, e principalmente de quem muito te ama.

COVARDIA

Usar a fraqueza do outro para se fazer forte é covardia.

CRIATIVIDADE

A criatividade supera o conhecimento em tempos de crise.

CONFIANÇA E CONFLITO

A educação gera confiança, a sua falta gera conflito.

CRESCIMENTO

Somente as grandes tarefas é que exigem de nós um crescimento.

CONHECIMENTO E IMAGINAÇÃO

O conhecimento é limitado dentro daquilo que aprendemos, a imaginação ultrapassa os horizontes da nossa existência.

CADÁVER

Um cadáver que pensa é um preguiçoso num pedestal.

CALA-TE

Ao chegar onde não foste chamado: cala-te.

CRIAR

O criar bons sentimentos é o que faz o homem chegar à felicidade.

CORAGEM

Dominar o medo é ter coragem.

CHEIO

De criaturas que têm sorriso falso e veneno na ponta da língua, o mundo está cheio.

CONSTITUIÇÃO

Todo governo que não cumpre a Constituição deveria ser destituído.

COBIÇA

O que somos ninguém consegue tirar, mas o que temos o amigo do alheio cobiça.

CONHECIMENTO

Só chega ao poder quem tem conhecimento.

DEFESA E VINGANÇA

A natureza não sabe se defender, mas sabe se vingar.

DESESPERADA

A natureza grita desesperada, e o ser humano não a ouve.

DOIS GIGANTES

Existem dois gigantes poderosos que se opõem aos vícios: a religião e o amor próprio.

DETALHES

Pequenos detalhes é que fazem grandes as realizações.

DIALOGAR

Se quiseres viver em paz, aprenda a dialogar.

DISCÓRDIA

A discórdia é gerada por um não entendimento.

DE AMIGO À IRMÃO

Quando a amizade é grande e verdadeira, chega-se a perder o amigo para ganhar um irmão.

DEFORMA

Na educação, a cultura do medo é que deforma a alma.

DECADÊNCIA

A decadência é não conseguir livrar-se do velho eu.

DIA IDEAL

Hoje é o dia ideal para se viver da melhor forma,
Pois ontem já não existe, e o amanhã talvez não chegue.

DÊ VALOR

Dê valor a quem está ao seu lado, antes que fique sozinho.

DEFINIÇÃO

Se não houvesse sofrimento, jamais poderíamos definir o que é felicidade.

DESATAR

Para se colocar em posição de mudanças, é necessário desatar as amarras do *seu pensar.*

DISPOSIÇÃO

O amigo verdadeiro tem sempre a disposição de servir.

DESCONTROLE

Descontrole é a ignorância do autoconhecimento.

ESPAÇO

A felicidade exige apenas um espaço: a liberdade.

ENCLAUSURAR

Ser realista é enclausurar a imaginação.

ESQUECER E ENTENDER

Quando esqueceres os favores que fizeste, começarás entender os propósitos de Deus.

ESPERANÇA

Esperar algo que ninguém mais acredita significa esperança.

EDIFICAÇÃO

Edificação espiritual é responsabilidade dos pais.

EXEMPLO

Quando alguém errar, não ataque e nem condene, apenas coloque diante dele o seu exemplo.

ESTRADA ALHEIA

Olhar a estrada alheia é o mesmo que perder a direção.

ESCREVER E SOCORRER

Escrever um livro é nobreza, socorrer um aflito é pureza.

ESCORAS

Para quem tem fé, escoras para os pés são as pedras de tropeço.

FUTURO

Só tem futuro quem tem sonhos.

FRUTO DA UNIÃO

O sucesso é o fruto da união de pessoas com o mesmo objetivo.

FEITO COM AMOR

Tudo que é feito com amor tem seu valor.

ENFADONHO

Para que o trabalho não sejas enfadonho, trabalhes com alegria.

FALAR MUITO

Quem muito fala não entende a mensagem do silêncio.

GRANDE SABEDORIA

De que adianta ter grande sabedoria se não souber utilizá-la.

GRATAS OU ESPANTADAS

Deixe as pessoas gratas ou espantadas, agindo corretamente.

GESTOS E PALAVRAS

Nossos gestos e palavras nem sempre dizem aquilo que estamos sentindo.

GARGALHAR

Gargalhar é um remédio natural e sem efeitos colaterais.

GRANDE VALOR

Uma boa educação tem grande valor e em todo lugar é aceita.

HISTÓRIA

Se quiseres crescer, jamais repita a mesma história.

INDISPENSÁVEL

Para o complemento da história da humanidade, você é indispensável.

INSTINTO

A inteligência é a pedra preciosa da mulher, mas seu grande tesouro é o instinto.

IDEALIZAR

Idealizar um projeto é o primeiro passo para a realização.

IRRITABILIDADE

Em situações complicadas, a irritabilidade é nossa maior inimiga, pois não nos deixa enxergar a saída.

INJÚRIAS

Jamais disporá de tempo para comentar injúrias, a pessoa que se presta a servir.

INCOMPETÊNCIA

Usar de violência é demonstrar incompetência.

INFERIOR

Só se sente inferior aquele que se permitir.

INVESTIR

Investir no auxílio, lhe trará um tesouro de felicidade.

INSISTA

Se te parece justo o que fazes, não deixe de fazer pelo que os outros pensam.

INSENSATEZ

Insensatez é se afligir pelo que não se tem.

JULGAMENTO

Se alguém errar e pensares em julgar, antes de fazê-lo, olhe para si mesmo.

LONGE DO PERIGO

Precisamos manter a vida longe do perigo,
Para que a morte não nos pegue desprevenido.

LIVRE

Possuir a liberdade é deixar livres as pessoas que amamos.

LIDAR

Saber lidar com os problemas já é uma felicidade.

LENTIDÃO

Grande erro é a lentidão ante a oportunidade.

LEI DA VIDA

Receber de acordo com o que se dá é a lei da vida.

MEDO

O maior inimigo dos sonhos é o medo.

MEDÍOCRE

Medíocre é não fazer nada e ficar sonhando com a perfeição.

MORADIA

O ódio jamais desaparecerá da mente em que a mágoa fez morada.

MALEDICÊNCIA

A maledicência está encrustada no coração das pessoas más.

NAVEGADORES

As tempestades marítimas é que fizeram a fama dos antigos navegadores.

NAUFRÁGIO

Se mantivermos acessas as chamas da fé e da esperança, jamais seremos vítimas do naufrágio espiritual.

O LETRADO E O IRRACIONAL

Muitas vezes, um homem letrado falha exatamente no ponto em que um animal irracional age melhor.

OBJETIVO

Nada agrada àquele que não tem objetivo na vida.

OCUPA-TE

Ocupa-te em servir, e deixe de injúria e ingratidão.

PEQUENOS SACRIFÍCIOS

A felicidade no lar é baseada em pequenos sacrifícios em família.

PRETENSÃO

Se sua pretensão é ir longe, não deixe ninguém te carregar.

PISAR NO FREIO

De vez em quando, é bom pisar no freio, ficar sozinho e ouvir o silêncio.

PALHAÇO

No humor da política, o palhaço é o povo.

PERSISTÊNCIA

Antes de começar a subir a montanha cujo nome é êxito, ponha-te a ler a placa que diz: persistência.

PIOR FRIO

O pior frio é o da alma, quando falta o amor que aquece e acalma.

PALAVRAS

A direção de tuas palavras, é que traçará o caminho que deverás percorrer.

PARA RAIOS

O para raios que atrai a felicidade é um semblante alegre.

PREGUIÇOSO

O preguiçoso não é outra coisa, senão um cadáver pensante.

PROVEITO

O ideal é que se tire proveito das dificuldades.

PERIGOSO

Um animal selvagem é menos perigoso que um falso amigo.

PREOCUPAÇÃO

Ao te preocupar, procure te ocupar.

PAZ E AMARGURA

Dos pensamentos bons nasce a paz; dos maus, a amargura.

QUALIDADE

A qualidade do asfalto com que calçamos a estrada de nossa vida é de nossa inteira responsabilidade.

REVELADOR

O que foi revelado revela a sensatez do revelador.

RUMO AO FUTURO

É do vínculo com o passado que extraímos a força que nos impulsiona rumo ao futuro.

RENOVANDO

É preciso estar sempre renovando o ânimo, *e recordando as velhas e boas lembranças.*

REFLEXÃO

Se quiseres encontrar soluções, ande pelo caminho da reflexão.

RECEITA

Para os males da vida, a receita é: bons pensamentos.

RESPOSTA

A resposta virá a ti, conforme o tom das tuas palavras.

REALIZAÇÃO

Para o homem realizar-se plenamente, é necessário investir no amor.

RESISTÊNCIA

Se perderes uma batalha, dobre os joelhos e renove o espírito de resistência.

SERENIDADE

Quem sofre sua dor com serenidade sofre só a metade.

SUBIR

Sobe junto aquele que ajuda a subir.

SUCESSO

Se quiseres ter sucesso, não deixes de tentar.

SEMBLANTE

Se quiseres conservar um semblante alegre, sorria mais.

SORRISO DO OLHAR

O querer bem é demonstrado pelo sorriso do olhar.

SEGREDO DO SUCESSO

Concretizar as ideias é o segredo do sucesso.

SÁBIO

O sábio diz tudo escrevendo pouco.

SATISFAÇÃO

A satisfação final vem do realizar.

SEGREDOS

Todos os segredos um dia serão revelados.

SENSATEZ

Sensatez é rejubilar com o que se tem.

SUBPRODUTO

A violência é o subproduto da insegurança e frustração.

SÓ DEUS

Apesar de muitos te conhecerem, só Deus sabe quem você é.

SERENIDADE

Mostrar serenidade nos momentos de crise fará de você um ponto de apoio.

SABEDORIA

Portar a luz da sabedoria é mostrar o caminho para aqueles que não conhecem.

TRANSFORMAÇÃO

Neste mundo, tudo se transforma em cópia daquilo que já foi.

TERÁS PAZ

Seja verdadeiro e terás paz no coração.

TAREFA

É tarefa da razão, corrigir erros e sentimentos.

TEMPERO

Alegria é o tempero de uma boa conversa.

TRISTE E VENCIDO

Jamais olhes o futuro que ficou para trás, pois te tornarás triste e vencido.

TRILHAR

Se quiseres trilhar no caminho do bem, não te deixes descarrilhar nem para a direita e nem para a esquerda.

TOLERAR

Quem quer aprender a amar, é preciso aprender a tolerar.

URNA DO CORAÇÃO

As poesias de amor são os votos depositados na urna do coração.

ÚNICA PALAVRA

Uma única palavra pode acalmar e resolver problemas.

VERDADEIRA

A verdadeira felicidade é ter paz de espírito e um sorriso nos lábios.

VENDENDO ILUSÃO

Os governantes que fazem propaganda de seus governos são os que mais vendem ilusão aos governados.

VERDADEIRA LIBERDADE

Fazer tudo que é possível sem prejudicar ninguém, eis a verdadeira liberdade.

VIVIFICAR OU MATAR

Os sentimentos que guardamos no coração tanto pode vivificá-lo como pode matá-lo.

VÁRIAS VEZES

Amor significa pedir perdão várias vezes ao dia.